나의 소중한 사람 _____에게

우리 다시 태어나도
알아볼 수 있을까요?

글·그림 박 하
펴낸이 오정혜
펴낸곳 예문서원

만든이 명지연, 조영미
인쇄 및 제책 상지사

초판 1쇄 2003년 5월 30일

주　　소　서울시 동대문구 용두 2동 764-1 송현빌딩 302호
출판등록　1993. 1. 7. 제5-343호
전화번호　925-5914・929-2284 / 팩시밀리 929-2285
Home page　http://www.yemoon.com
E-mail　yemoonsw@unitel.co.kr

ISBN 89-7646-165-7　03810

ⓒ Park Ha 2003 Printed in Seoul, Korea

YEMOONSEOWON 764-1 Yongdu 2-Dong, Dongdaemun-Gu Seoul KOREA 130-824
Tel) 02-925-5914, 02-929-2284　Fax) 02-929-2285

값 7,000원

Doll 달

우리 다시 태어나도
　알아볼 수 있을까요?

박 하 글·그림

예문서원

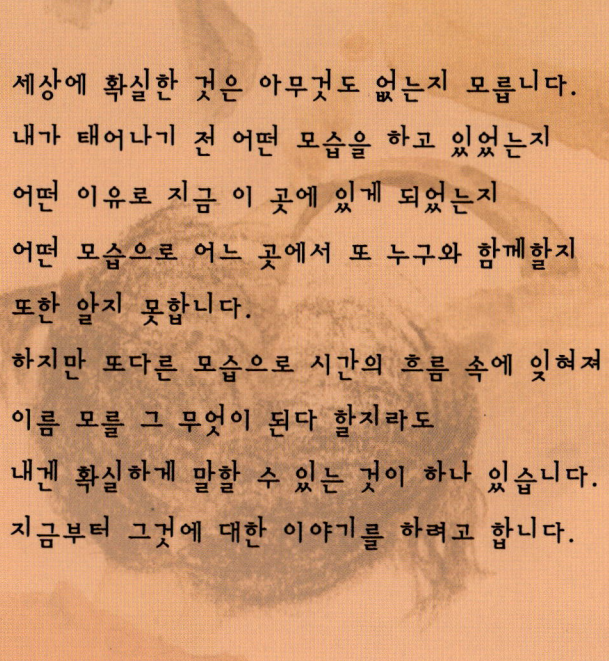

세상에 확실한 것은 아무것도 없는지 모릅니다.
내가 태어나기 전 어떤 모습을 하고 있었는지
어떤 이유로 지금 이 곳에 있게 되었는지
어떤 모습으로 어느 곳에서 또 누구와 함께할지
또한 알지 못합니다.
하지만 또다른 모습으로 시간의 흐름 속에 잊혀져
이름 모를 그 무엇이 된다 할지라도
내게 확실하게 말할 수 있는 것이 하나 있습니다.
지금부터 그것에 대한 이야기를 하려고 합니다.

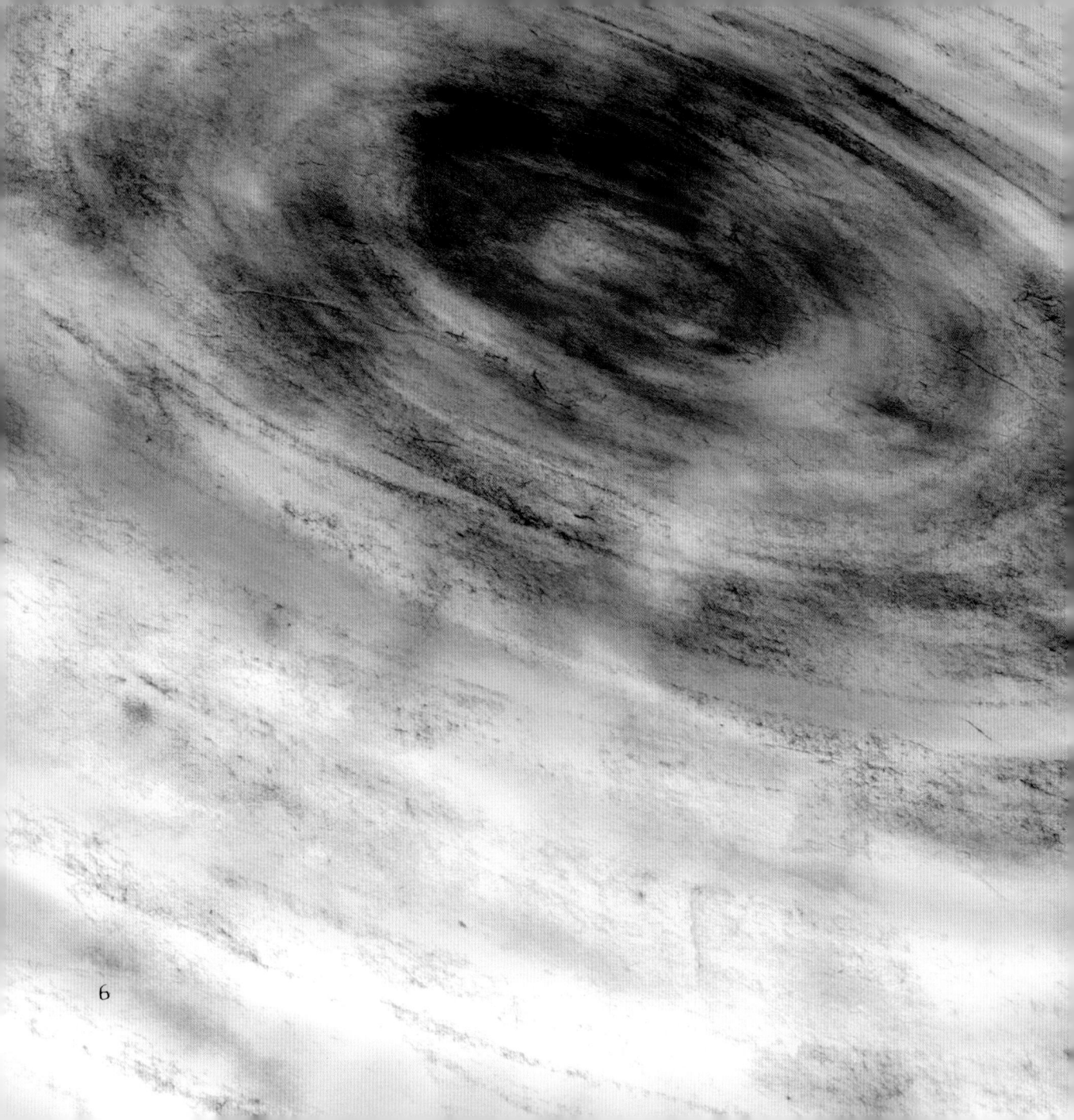

하루가
또다른 하루를 꾸역꾸역 밀어내는 거라고,
누군가 흐느끼는 소릴 들었어.

나중에야 알았지.
그 흐느낌은……, '눈물' 이라고.
슬프면, 너무나 슬프면 맘 속에서 흘러나오는 거라고.
자그맣게 누군가 얘기해주는 게 들렸어.

안다는 것.
내가 무언가를 알아가기 시작했을 때
난 처음으로 슬프다는 감정을 느꼈던 것 같아.

그게 '슬픔' 이라는 걸 알게 되기까지는
많은 시간이 걸렸지.
아마, 내게 생각이라는 게 생긴
바로 그 날부터였을 거야.

기억은 너무도 잔인한 것 같아.
내가 버림받았던 그 기억들을 지우고 싶어.
그런데 그게 잘 안 돼.
모든 걸 지우겠다고 모질게 마음을 다잡고서는 레테의 강 앞에 이르지.
하지만 눈을 질끈 감고 강에 발을 내딛는 순간 바로 후회하게 되지.
아픔을 잊는다는 것보다
그간 소중했던 추억들이 함께 사라져버린다는 슬픔이 밀려오거든.
이상하지?
기억을 모두 지우고 나서 아무렇지 않은 듯하다가도
어느 순간……
그 모습과 목소리가 잠시라도 어른거렸다 싶으면
괜스레 맘 한켠이 시리도록 아파와
나도 모르게 어느 사이엔가 눈물이 흐르고 있으니 말야.

고향에 가는 날이라고들 했어.
하늘에 동그랗고 환한 게 보였지.
바로 그 예쁜 동그라미를 보고 난 눈을 떴어.

예쁘다는 느낌을 갖게 된 건……

그 때,
그러니까 내가 눈을 떴을 때,
날 만들어준 따뜻한 온기를 가진 그 사람 때문이었어.
얼굴 위로 뜨겁고 촉촉한 것이 '투둑' 하고 떨어졌어.

가녀린 손길이 내 몸을 쓰다듬는 것이 느껴졌고
그 흐느낌이 내 몸 깊숙한 곳까지 파고 들어와
숨이 막혀버리는 것만 같았어.
난 어쩔 줄 몰라 무척이나 당황했지.
그리곤 내 안에서 무언가가 '탁' 하고 터지는 것 같았는데,
순간 눈이 번쩍 뜨였어.

너무 놀라서 어쩔 줄 몰랐지.
난 숨을 크게 들이마셨어.
그 때까지 숨을 쉬어본 적이라곤 없었거든.
"엄마한테 가고 싶어……, 집에 가고 싶어."
그렇게 날 만지던 가느다란 손이 떨고 있었어.

세상에 채 나가기도 전에
난 눈물을, 슬픔을 먼저 알았지.
태어나기도 전의 내겐
그런 것들을 이해한다는 게
그리 쉽지만은 않았지.

하지만 태어나서 처음으로 내가 보았던 건
행복을 꿈꾸는 듯한 미소,
부끄러운 듯 엷게 번지는 미소였어.
그래서 난 그 미소를 기억하지.

그 때 들었던 '행복' 이라는 말이
지금까지 내가 들었던 어떤 말보다도 맘에 들어.
흐르는 눈물 사이로 날 보며 '그래도 너와 있어 행복해' 라며
해맑던 미소를 보여줬던 그 사람을 말야.

내게 숨결을 불어넣어줬던 건
아마도 '눈물' 이라는
따스한 물 속에 배어 있던 그 무엇이었을까?

태어난다는 게 뭘까?
태어난다는 건 아마도
그저 숨을 쉬고, 눈을 뜨고 하는 것만은 아닐 거야.
태어나 처음 보는 세상이 누구에게나 아름다울까?
처음 뭔가를 보는 이에게
아름다운 것과 추한 것에 대한 기준 같은 게 있을까?
아니, 본다는 것이 무엇인지도 모르는 이에게 그런 것들이 의미가 있을까?
왜 아기들이 태어날 때 그렇게 커다란 소릴 내는 줄 아니?
그건 자신이 살아 있다는 걸 말하고 싶어서야.
자신이 살아 있다는 걸 자기가 가장 먼저 확인하고 싶은 거지.
태어나자마자 우는 건 기뻐서일까, 슬퍼서일까?
결국 해답은 살아가는 이에게 있지 않을까?

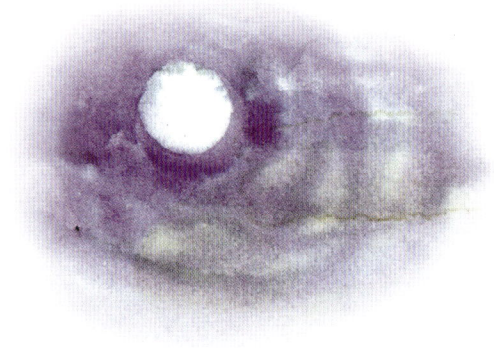

고향.
사람들은, '자기가 처음 눈 뜬 곳'을 그렇게 부른다나봐.

고향이라는 곳엘 가지 못하고 울던 그 사람은
하늘이 아주 환하게 밝던 그 날,
나를 태어나게 만들어준 사람이었어.

난, 내가 태어난 곳
그 곳에 대해 아무런 추억이 없어.
아무것도.

뭔가를 추억할 새도 없이
나는 곧
다른 곳으로 옮겨졌지.

고향이란 어떤 것을 말하는 거지?
자기가 태어난 곳을 말하는 거래.
누구나 같은 세상에서 태어나는데, 그럼 모두들 고향이 같은 걸까?
왜 사람들은 만나면 고향을 묻고 또 그걸 중요하게 여기는 걸까?
자기가 태어난 곳이 어딘지를 묻는데
왜 저마다 다른 곳을 대는 거지?
그럼, 어디로 갈 건지는 궁금하지 않을까?
중요한 건 자기가 어떻게 가고 있는 지가 아닐까?
아무도 자기가 가는 곳을 묻지는 않으면서
어디서 왔는지를 묻는 건 좀 이상하지 않아?

오늘도
어김없이 난 좌절감에 빠져 있을 거야.

쇼윈도에 진열되어 있는 다른 인형들은
모두 예쁘고 다양한 기능들을 가지고 있지.

건전지를 넣어주면 정말 움직이기도 하고,
물을 넣어주면 눈물도 흘리고 말야.
파란 눈에 금발머리
예쁜 옷들로 치장도 하고.

그치만 난 곰인형이니까
그것도 이 가게가 처음 문을 열었을 때부터
한쪽 구석에 놓여 있는, 먼지가 뽀얗게 쌓인
아주 오래된 곰인형.

내 곁에 있던 다른 친구들은
이 곳에 와 얼마 지나지 않아 주인을 찾아가는데
난 늘 그 친구들을 아쉽고 부러운 눈으로 쳐다보기만 할 뿐이지.

사람들이 왜 슬퍼하는지 알아?
슬퍼할 때가 언제인지 가만히 생각해봐.
그건 아마도, 내가 주변 사람들과 다른 감정을 느낄 때인 것 같아.
다른 사람은 행복해 보이는데 내가 그렇지 못하면
그걸 슬프다고들 하잖아?
다른 사람이 슬퍼하는 것을 보고 내가 행복하다고 느낄 때에도
결국 행복하다고는 말할 수 없어.
자기 모습을 보지 못한 채
다른 사람을 보며 행복을 찾을 순 없는 거잖아.

어느 날
한 아이가
아빠와 함께 문을 열고 들어왔어.
양 갈래로 땋은 머리를 흔들며 빠알간 원피스를 입고서
아빠 뒤에 서서 살포시 고개를 내미는 작은 여자아이.

　　　　난 또다시
　　　　다른 친구가 주인을 찾게 되는 걸 지켜봐야만 하겠지.

어?
그런데 아이가 날 보고 웃고 있어.
다른 누구도 아닌, 바로 날 보고 말야.
이렇게 오래되고 유행 지난 곰인형을…….

이제 나도 누군가를 만나게 됐어.
난 주인 아저씨 손에 번쩍 들려져서 예쁘고 반짝이는 포장지에 담겨졌고
여자아이의 웃음소리는 내내 귓가를 간지럽혔지.

아이는 나에게 '아름이'라는 이름을 붙여줬어.
매일 다정스레 말도 건네주고.

비록 직접 대화를 나눌 순 없었지만
난 눈빛만으로도 내 마음을 전달할 수 있다고 믿었어.
아이가 얘기하며 가만히 내 눈을 바라볼 때면
내 맘을, 그 말들을 모두 알아듣는 것 같았거든.

넌 운명을 믿니?
누군가 만나야 될 운명이라면
언젠가는 어떤 일이 있어도 만나게 된다는 그 '운명' 말야.
난 운명이 어떤 거라고 딱히 설명할 순 없지만,
그 운명이란 게 절대적이라곤 생각하지 않아.
그래도 내게 누군가를 만나야 할 운명이 예정되어 있다면 그게 '너' 이길 바라.
그래서 결국 헤어져야 하는 것도 운명이라면 난 그것도 받아들일 수 있어.
왜냐면……
난 네가 어디 있든, 또 무슨 일이 있더라도
다시 너의 곁에 가 있을 테니까 말야.
그건 내가 할 수 있는 전부이면서도 유일한 운명일 거야.

하루는,
아이가 나를 안은 채 식탁에서 밥을 먹다가
그만 뜨거운 국을 엎지르고 말았어.

손을 많이 데었나봐.
아이는 까무러치듯 울었고
아이의 엄마가 놀란 표정으로 달려와 상처를 치료했지.
하지만 아이의 손등에는 빠알간 상처자국이 남았어.
언젠가 밤하늘에서 보았던 별 모양의 작은 상처가 생겼지.

그날 밤, 아이는 나를 꼬옥 끌어안고서
그렁그렁 고인 눈물을 훔치며 조용히 속삭였어.
"나, 아까 많이 아팠는데 아름이하고 같이 있어서 하나도 안 무서웠어."

정말 아파도 아프지 않을 수 있는 건,
네가 곁에 있기 때문이고.
내가 아파하게 된다면 그건 내가 아파서가 아니고
네가 아파서일 거야.
널 아프게 하지 않겠다고 약속하고도
나로 인해 네가 아파할 일이 생긴다면
그 아픔에, 슬픔이 가슴 깊은 곳 알알이 유리조각처럼 박힐 거야.
하지만, 그렇지 않을 거라 믿으니까
난,
아파 울면서도 내게 웃어주는 네가 있어 행복해.

아이는 유치원엘 가게 되었어.

봄볕이 따사롭던 어느 날,
아이가 시끄러운 봉투를 하나 안고 들어왔어.

아이는 봉투를 들고 뛰어들어와선 여기저기 소리쳤어.
"엄마, 엄마, 이거 봐! 병아리야, 병아리!"

아이가 봉투 안에서 꺼낸 건
노란색의 날지 못하는 작은 새였어.
아이는 온종일 병아리 뒤를 따라다니며
손에 잡았다가 놓았다가 즐거워 어쩔 줄 몰라 했지.

아이가 병아리를 커다란 상자 안에 넣어두고 유치원에 간
어느 날 오후,
나는 늘 시끄럽게 울어대기만 하던 노란 새가
조용해졌다는 걸 알았지.
상자를 바라보며 잠시 생각하던
아이 엄마는 어디론가 그 상자를 들고 갔어.

아이가 돌아왔을 때
엄마는 가만히 아이를 안아주며 병아리 얘기를 해줬고,
아이는 결국 울먹이다가는 나를 안고서 엉엉 울기 시작했어.
밥도 안 먹고 잠도 안 자고 울기만 하다가 지쳐 쓰러졌지.

난 '죽는다' 는 게 뭔지 잘 몰랐지만
아이가 그렇게 슬퍼하는 모습을 보는 건
가슴이 너무 아픈 일이라는 걸 느꼈지.

그 후로 아이가 병아리를 사오는 일은 없었고,
강아지를 사달라고 엄마에게 떼쓰는 일 따위도 하지 않았지.

아이 엄마는 달래듯 아이에게 말해주었어.
"아름이가 있잖니? 아름이는 죽지 않는단다."

아이 엄마의 말에 나는 마음이 편해졌고,
그 말을 들은 아이도 행복한 미소를 지어 보였어.

세상을 완전히 지워버리고
다시 깨끗하고 아름다운 세상을 만들면 어떨까?
그럼, 지금 사는 사람들이 모두 죽어야 될지도 몰라.
내가 보고, 만나고 했던 사람들이 없어져버린다는 뜻이야.
그럼, 왜 모든 것을 지우고 새로운 세상이 시작되면 안 되는 건지
설명해줄 수 있어?
그건……
그건, 슬퍼하는 이가 있기 때문이 아닐까?
그 존재가 없어져버리게 되면
그만큼이나 가슴아파하는 이들이 있어서일 거야.
사라지는 것만큼 아름다운 것은 없다고들 하지.
하지만 그건 사라지기 때문에 아름다운 게 아냐.
남아 있는 이들의 눈에, 가슴에 잊혀지지 않기 때문인 거지.

그러나
그 따스한 행복함도 잠시

갑자기 시끄러워 눈을 떴어.
아이는 아침부터 일찍 일어나 이리저리 바쁘게 뛰어다니고
이 방 저 방 옷을 꺼내 놓고 거울을 보며
어떤 옷이 예쁜지 나에게 물어 봐.
"아름아, 나 이제 학교 간다!"

'학교' 라는 곳에 간다는 게 아이를 설레게 했나봐.
난 아이가 초콜릿보다 더 좋아하는 학교라는 게 궁금해졌어.
하지만 물어보진 못했지.
초콜릿보다, 아니 나보다도 더 좋다는 얘길 듣게 될까봐 겁이 났거든.
그치만 아이가 좋아하니까 왠지 모르게 나도 그 학교라는 걸 좋아하게 될 것 같았어.

학교에 처음 가던 날.
아이는 골라두었던 제일 예쁜 옷을 입고
한 손엔 엄마 손을, 다른 한 손엔 날 안고서 집을 나섰어.

이렇게 많은 사람들이 모여 있는 건 처음 봐.
아이의 가슴이 콩닥거리는 소리, 손에 고이는 땀이 내 몸에도 느껴졌지.
얼굴이 발그레해진 아이는 억지로 엄마에게서 떨어져
비슷한 키의 아이들이 있는 곳으로 갔어.

한 남자아이가 나를 보고선 큰소리로 말했어.
"야! 저거 봐. 곰인형을 안고 왔어."
아이들이 하나둘씩 모여들어 떠들기 시작했어.
"학교에 곰인형을 가지고 왔대요."
아이의 가슴 뛰는 소리가 내 귓가에 점점 크게 들려왔어.
얼굴이 빨개진 아이는 금세라도 울음을 터뜨릴 듯 울상이 되어버렸지.
그 때 키가 크고 머리가 긴 여자가 다가와 아이를 달래주었어.
"얘들아! 친구끼리 서로 놀리면 안 돼요. 이름이 뭐니?"
아이는 울먹이던 얼굴을 멈췄고, 나도 여자를 봤어.
"곰인형이 참 예쁘구나. 그런데 곰인형은 이제 엄마한테 주고 오겠니?
이제부턴 친구들이랑 공부해야 하니까 말이야."
아이는 나오려는 눈물을 겨우겨우 참으며 날 엄마에게 건네줘야만 했지.
아이가 울면서 교실 안으로 들어가는 걸 보며 난 마음이 아팠어.
내가 곁에 있어주고 싶은데, 그래야 하는데……

얼마나 지났을까.
　　아이가 해맑게 웃으며 다른 아이들 틈을 빠져 나왔어.
난, 표정이 밝아진 아이가 한 번쯤 날 봐주었으면 하고 고개를 내밀었지만,
　　아이는 날 볼 틈이 없나봐. 이젠 다른 친구들이 있었거든.
　　　　　그치만 아이의 표정이 밝아서 다행이다 싶었어.

아이는 학교에 가고 나서부터,
매일 집에 오기 바쁘게 학원도 가야 했어.

나와 놀아줄 새도 없이
매일 밤,
지친 모습으로 침대에 쓰러지듯 누워 잠을 자는
아이의 모습은
보기에도 안쓰러웠어.

그래도 아이는 늘 이 말을 잊지 않았어.
"아름아, 잘 자!"

새로운 것에 대한 호기심은 사람을 참 설레이게 만들지.
그걸 호감이라고 느낄 수도 있을 거야.
하지만 사람의 맘은 참 간사해서 익숙해지고 나면 금세 싫증을 내지.
하지만 잠시의 호기심이, 오래되어 편안한 것보다 나을 순 없지.
익숙해지는 동안 길들여진다는 건 어떤 거냐면 말야,
원래 내 마음의 한 조각이었던 것이 있던 자리로 돌아가는 거야.
까맣게 잊고 있던 그 무언가를 되찾게 되는 거지.
어려서는 분명 다들 가지고 있었는데 어른이 되면서 잃어버린 그것을 말야.
이상하지?
무엇을 잃어버린지도 모르면서 사람들은 그 허전함만은 잊질 못하거든.
세상에서 가장 슬픈 건,
누군가의 기억에서 지워지는 게 아닐까?

내게 아이의 체취가 묻어날 정도의 시간이 지났지.
어느 날엔가 아이에게 다른 인형이 생겼어.

길다란 금발머리, 가냘픈 몸매에 푸른 눈동자,
초라한 내 모습과는 달랐지.
난 그저 털이 눌려버린 오래된 곰인형일 뿐이잖아.

아이는 그 인형한테 무척이나 정성을 들였어.
매일같이 눈부신 금발머리를 빗겨주고,
목욕도 시켜주고 예쁜 옷도 입혀주고…….

난 그냥 늘 그렇게
피아노 위에 덩그라니 앉아 있을 뿐인데,

그 인형은
커다랗고 화려한 집도 있었어.
소파와 응접 세트가 있고, 목욕탕이 있고,
현관문에는 벨소리도 울리고…….
옷은 또 얼마나 많은지
그 옷을 넣을 옷장이 필요할 정도였어.
신발은 또 얼마나 많은데.

후우!
그만 할래.
이렇게 비교할 때면 내가 얼마나 비참해지는지 몰라.

그래도,
그래도 말야, 내가 아이를 좋아하는 이유는
아이는 항상 잘 자라는 인사를 잊지 않았거든.

내가 사랑하는 이에게 사랑받을 수만 있다면 더 바랄 것이 없지.
그렇지만, 세상은 늘 그렇듯 행복을 그리 쉽게 선물하지 않지.
누군가를 사랑하기 때문에 아픈 것이,
아무도 사랑하지 않아서 아프지 않는 것보다는 낫지 않겠어?
내가 사랑하는 사람이 다른 사람을 사랑한다 하더라도 그를 사랑할 수 있을까?
누군가를 진정으로 사랑한다면
그 사람이 나를 사랑하느냐 하지 않느냐는 중요하지 않아.
정작 중요한 건
내가 그를 사랑하고 있다는 사실이니까 말야.

어느 날
학교에서 돌아온 아이가 시무룩한 표정으로 말했어.
"내 짝꿍 전학 간대. 엄마, 걔 그럼 이제 학교도 안 오는 거래. 그래?"
나도 아는 애였어.
가끔씩 자기 엄마의 손을 잡고 놀러오던 남자아이.
'전학' 이라는 말이 '헤어진다' 는 의미라는 걸 엄마에게 듣고 난 아이는
그렇게 매일 싸우고 싫다던 그 남자애를 좋아하고 있었나봐.
아이의 눈에 고인 눈물을 보고 그런 생각이 들었어.

남자애가 전학 가던 날
아이는 밤새 울어 퉁퉁 부어버린 얼굴로 거울 앞에서 웃고 있었어.
아침부터 거울을 보며 웃는 연습을 하는 아이를 보면서
왜 울면서 웃는지를 이해할 수 없었지.
아이는 그 남자아이 앞에서 우는 얼굴을 보이기 싫어서라고 내게 대답해줬지.
마지막에 보이는 얼굴이 우는 얼굴이면 밉지 않으냐면서 말야.

아이에게 '짝꿍'이란 아주 소중한 사람이란 걸
　　　　　　나는 그제서야 조금 알 것 같았어.
아이가 정말 엄마같은 여자가 되려는 걸까?

누굴 좋아한다고 느껴본 적 있니?
네가 누군가를 좋아하더라도 너 자신은 모를 수 있는 거야.
남자애가 떠나고 나서야 넌 알게 된 거지.
넌 그 아이를 아주 많이 좋아했던 거라구.
그치만 걔도 널 좋아했을 거야.
네가 좋아하는 아이에게 억지로라도 웃는 모습을
추억으로 남기려 했던 걸 보면
너도 아주 쬐금은 더 자란 것 같아.
어떻게 아냐구?
재보지 않아도 알 수 있는 게 있는 법이거든.

그렇게 또 하루하루가 지나갔고
아이의 키도 훌쩍 커져버렸어.
책상에 앉아 책을 읽고 뭔가를 쓰고 하는 때가 많아졌지.

        하지만 아이가 날 안고 침대에 누울 때면
난 늘 다시금 따뜻함을 느낄 수 있었지.

그게 언제였을까?
아침에 일어나 보니 아이가 얼굴이 발그레해서는
이불을 걷어 한 곳으로 몰아두고선 울상이 되어 있었어.
분명, 무슨 일인가 일어난 거야.
어쩌면 좋지? 난 무슨 일인지 알 길이 없었거든.
마침 아이의 엄마가 방으로 들어왔고
아이는 겁을 잔뜩 집어먹은 표정으로 엄마에게 안겨 울음을 터뜨렸어.

이불을 들추자 빠알간 얼룩이 보였어.
난 다시 무서워졌지.
하지만, 아이 엄마는 가만히 아이를 안아주며 말했어.
"이젠 우리 딸이 다 컸구나. 이건 네가 더 이상 꼬마가 아니란 뜻이야.
너도 어른이 되어 가는 거란다."
그 일이 있고 난 후부터 아이는 날 안고 자지 않았어.
저 꼬마가 엄마같은 여자가 된다구?
믿기진 않았지만
그래도 아이가 다시 편안한 얼굴로 자는 모습을 볼 수 있어 다행이다 싶었어.

그리고 또 몇 밤이 지났지.
가족들이 모두 나가고 아이 혼자 집에 있던 날이었지.
아이가 몰래 엄마 방에 들어갔어.
잠시 후 밖으로 나온 아이는
입술이 새빨갛고 얼굴이 온통 하얀 모습이 마치 엄마같았어.
옷장에서 엄마 옷을 꺼내 입고서 뾰족하고 높다란 구두 속으로 발을 넣었어.
음악을 틀어놓고, 커서 자꾸만 벗겨지는 옷을 입고서
넘어질 듯 뒤뚱거리며 걷는 모습이 하도 우스워서
난 데굴데굴 구를 정도였지.

언제 들어왔는지 내 뒤에서 보고 있던 아이 엄마도
아이가 놀라 쳐다볼 때까지 기가 막히다는 표정으로 그저 보고만 있었어.
엄마에게 혼이 나고서 깨끗이 씻고 나온 아이의 얼굴이
아까처럼 새하얗진 않았지만
그래도 난 이 얼굴이 더 좋았어.

내가 널 좋아하는 이유는,
예쁘고, 착하고, 귀엽고……
생각해보면 여러 가지 이유가 있을 거야.
하지만, 난 그런 것들 때문에 널 좋아하고 사랑하는 게 아냐.
난 지금 있는 그대로의 널 좋아하는 거라구.
화장을 하고 예쁜 옷을 입고 많은 것을 공부해서
이것저것 많이 갖추게 되고
좀더 달라 보일 수는 있겠지.
하지만, 난 그런 것들 때문에 널 좋아하는 게 아냐.
왜냐면 말야.
그게 바로 내가 사랑하는 너이니까 말야.
더 이상 무슨 이유가 더 필요해?

아이는 이제 중학생이 되었어.
이젠 인형 같은 건 거들떠보지도 않아.
화려한 금발인형도 말야.
아마도 벽장 구석에 다른 인형들과 처박혀 있겠지.

아이는 하루가 다르게 변해갔지.
아침마다 샤워를 한다, 드라이를 한다,
여드름이 또 하나 늘었다며 신경질을 부리고.

아이와 이야기를 한 지가 언제였는지 기억도 잘 안 나.
이젠 잘 자라는 인사도 없지.
그래도 어쩌겠어,
난 아이가 좋은 걸.
아직도 처음 만났던 그 날, 그 모습이 눈에 선한 걸…….

오늘은 오랜만에 아이의 목소리를 들었어.
대입원서를 써야 하는데, 성적이 좋지 않다고 울상이야.

아이는 날 안아 책상에 앉히고 말했지.
"아름아! 난 꼭 내가 가고 싶은 대학에 들어가고 싶은데
성적이 안 될 것 같애. 시험을 못 치르면 어쩌지?
난 엄마가 하라는 대로 공부만 하고,
아무것도 못하며 지냈는데 성적이 오르질 않아.
아름아! 나 어쩌면 좋니?"
아이는 결국 참았던 울음을 터트렸어.

아이의 체온이 느껴졌어.
날 끌어안고 우는 거야.

아이의 눈물이 내 눈에 떨어지고 다시 눈물은 볼을 타고 흘러내렸어.
날 태어나게 해주었던 그 '눈물' 말야.
아이는 모를 거야.
흐르는 눈물에 내 눈물도 섞여 흐른다는 걸 말야.

그날 밤 난, 태어날 때 보았던 달님에게 기도했어.
아이의 성적이 오르게 해달라고.

바라는 것을 이루게 해달라고 기도하다가 문득 이런 생각이 들었어.
평소엔 기도 같은 거 하지 않다가
내가 할 수 없는 게 생길 때만 그러는 게 아닐까 하고 말야.
만약 하나님이 아신다면 조금 괘씸해하시지 않을까 하고 말야.
그래서 난 기도를 할 때 조금이라도 솔직해지기로 했어.
"최선을 다할 수 있는 힘을 주세요.
꿈을 이루기 위한 성실한 노력 그리고 참고 견뎌낼 수 있는 인내도 함께요.
그리고 최선을 다한 후 결과가 안 좋더라도
웃으며 다시 도전할 수 있는 용기를 갖게 해주세요……."
이렇게 좀 솔직하게 기도하면
노력한 것만큼은 당당하게 결과를 얻을 수 있지 않을까?
내가 누군가를 위해 소원을 빈다는 것 자체만으로도
정말 소중하고 대단한 거잖아, 맞지?

아이는 결국 대학에 합격했어.
상향지원.
무슨 뜻인지 모르지만
나한텐 그런 어려운 말보다도 아이가 원하던 꿈을 이뤘다는 게 더 소중했어.

합격증을 받고 집에 들어와서는
전화기를 들고 친구들과 깔깔거리는 아이의 밝은 웃음소리.

비록 나를 보고 웃어준 건 아니었지만 그래도 기뻤어.
하지만 한편으로는 조금 불안하기도 했지.
아이가 이제 정말 엄마같은 여자가 되어
내게서 멀리 떠나갈 것만 같아서…….

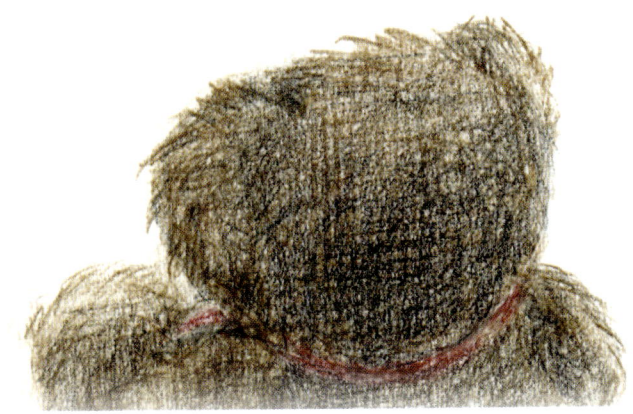

사랑하는 사람이 잘되는 것을 보는 것만큼 좋은 게 또 어디 있겠어?
그렇게 기뻐하고 좋아하는 모습을 보고 있으면
내가 잘된 것보다도 더 기쁠 거야.
하지만, 그럴 때라도 절대 잊지 말아야 할 중요한 것 한 가지를 일러줄게.
기쁠 때는 많은 이들이 함께하지만
슬픔을 함께 나눌 수 있는 이는 많지 않다는 걸 말야.
사람들은 참 이상해.
어려운 일이 있을 땐 함께 노력하고 고난을 이겨내려 하잖아.
그런데 시련을 지나 행복해지고 나면
무엇 때문에 그렇게 힘겨운 노력을 했는지 너무도 쉽게 잊어버리고 말아.
정말로 사람들이 찾으려 했던 게 그렇게 안이한 행복이었을까?
정작 자신이 이루려고 했던 것이 무엇이었는지를 잊어버리지 않았으면 좋겠어.

꼬마는 이제 대학생이 됐지.

점점 엄마같은 여자가 되어 가는 것 같아.
아침마다 화장을 하고 머리를 만지느라 부산을 떨고
가끔은, 술에 취해 집에 들어올 때도 있고.

언젠가부터는
    아이를 데리러 오는 사람도 생겼어.
    "딩동."
    벨소리가 나면 아이는 얼른 거울을 보곤 뛰어나가지.

"오빠 왔어?"
"응, 그래."
아이가 오빠라고 부르는 그 사람은 아이를 학교까지 데려다준다나봐.

하루는 '오빠'라는 사람이 우리 방엘 들어왔어.
방을 둘러보다가 날 보았지.
"아이쿠, 요 꼬마야! 너 몇 살인데 아직도 이런 걸 가지고 노니?
골동품점에 갖다 놔도 되겠네. 그만 버려.
내가 더 예쁜 걸로 사줄게."

아이는 예쁘게 눈을 흘기며 말했지.
"우리 아름이란 말야. 이걸 왜 버려?"

아직도 아이의 마음 한 구석에
'나'라는 존재가 남아 있다는 것,
그것만으로도 난 행복했어.

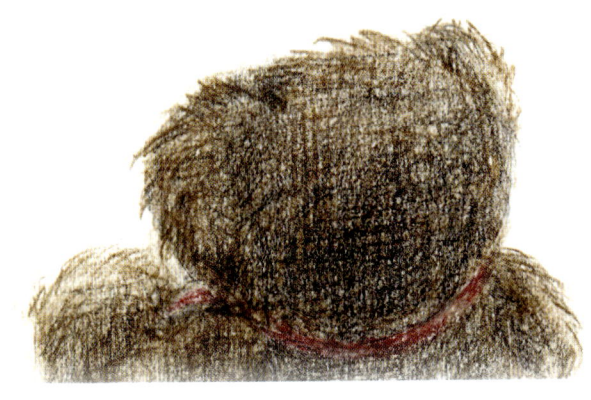

모든 걸 다 주고 싶어도 아무것도 줄 수 없는 사람은 슬플 거야.
모든 걸 다 주어도 사랑하는 사람을 행복하게 해줄 수 없다면
그건 더 슬플 거야.
자신을 위해선 아무것도 하지 않더라도
그 사람을 위해 뭘 해줄까 고민하는 내 모습은 참 예뻐 보이잖아?
그 사람을 얼마나 사랑하는지 확인한 것 같아서일 거야.
모든 것이 내 뜻대로 된다면 좋겠지만 세상은 그렇지 않잖아.
혼자가 아닌 둘이 되면 때론 다투고 때론 서운할 때도 있을 거야.
하지만, 내가 슬프고 서운해도 그가 행복해질 수 있다면 난 그 길을 택할 거야.
너무나 현명치 못한 선택인 걸 뻔히 알면서도 말야.

그렇게 몇 달이 지났지.
한번은 아이가 술에 잔뜩 취해서 들어왔어.

그리고는 나를 끌어안고 울기 시작했어.
"아름아! 나 그 사람 정말 사랑했었는데……."

순간, 뭔지 모를 느낌이 내 안에서 꿈틀거렸어.
당혹스럽기도 하고 싫은 것도 같은
뭐라 말할 수 없는 묘한 감정이.

"근데, 그 사람 떠나가 버렸어.
난 아직도 사랑하는데,
그런데, 그 사람은 내가 싫어졌대.
나보다 더 좋은 사람이 생겼대.
후우, 아름아! 나, 죽고 싶어.
미안해. 술 냄새 너무 많이 나지?
나 오늘은 너하고 잘래. 괜찮지?"

아이는 쓰러져서도 연신 울먹이다 잠들었고
나도 무척이나 기분이 나빠졌지.
아이를 슬프게 한 녀석이 미웠어.

그래도 난 아이와 같이 자본 게, 아이와 대화를 나눈 게
너무 오랜만이라 행복했어.

다음날부터
아이는 학교도 나가지 않고
   늘 슬픈 얼굴로 침대에 앉아만 있었지.
좋아하던 친구와 전화로 수다떠는 일도 그만뒀어.

늘 친구들한테 전화해서 한참을 수다떨곤 했는데
이젠 오는 전화도 받질 않아.

이상하지?
내 기분까지도 우울해지니 말야.

그렇게 며칠이 지났어.
그러던 어느 날 밤,
모처럼 나갔던 아이는
한참이나 있다가 들어왔지.
천
천
히
방 안으로 들어온
아이의 손에는
하얀 알맹이로 가득 찬
종이봉투가 들려져 있었지.
아이는 눈을 질끈 감고
그 안에 들어있는 것을
한꺼번에 입 안에 털어 넣었어.
그리고는
가만히 있다가
힘없이 바닥에 쓰러져 버렸어.

아이는 꼼짝도 하지 않아.
난 덜컥 겁이 났어.
누군가에게 알려야 하는데
난 움직이지도 소리를 지를 수도 없잖아.

그렇게 맘 졸이던 새벽이 지나고
아침이 밝았어.
엄마가 방문을 열더니
얼굴이 파랗게 질려서 아이를 흔들었지.
그리고는 어디론가 황급히 전화를 했어.
좀 있으니까 하얀 옷을 입은 아저씨들이
아이를 업고서 데리고 나갔어.

다행히도 아이는
죽지는 않았어.
하지만 몇 주일이 지난 후 돌아온 아이의 얼굴은
몹시 야위고 힘겨워 보였지.
보기 안쓰러울 만큼.

그래, 어느 한때,
뭔가에 깊이 빠져 있을 때가 있지.
주위 누구의 말도 들리지 않고
세상에서 가장 소중한 건 그 하나뿐이고 그게 아니면 아무것도 안 된다고 여기지.
하지만, 그렇게 실의에 빠져 있을 때, 내가 아무것도 아닌 것 같다고 여겨질 때,
주위를 한번 둘러봐.
날 사랑하고 아껴주는 많은 사람들에게 난 어땠는가를 말야.
누구와 함께하는지에 따라 많이 달라질 수 있는 게 바로 사람이거든.
어디에 서서 보느냐에 따라 전혀 다른 모습으로도 보일 수 있는 세상을
계속 한편으로 치우쳐서만 보는 건
여러 가지 아이스크림을 먹어보지도 않고
늘 먹던 하나만을 고집하는 아이같은 행동은 아닐까?

그렇게 아이는 다시 학교에 나갔고,
또 몇 달이 지났어.
　　　　　아이의 집은 이사를 하게 되었지.
모두들 분주히 이삿짐을 싸고
집안은 몹시 어수선했어.

　　　　이삿짐을 싸던 아이와 눈이 마주쳤어.
　　　　날 보는 아이의 눈빛이 슬펐던 것 같아.
무언가 알 수 없는 표정이었지.
그리곤 조금은 쓸쓸해 보이는 얼굴을 하고
내 손을 잡았지.

그러더니 날 어디론가 데리고 갔어.
노오란 작은 새가 버려졌던 곳.
그래,
쓰레기통이었어.

"아름아, 안녕!
 안녕! 내 어린시절……."

그리고 차갑고 어두운 그 곳에 날 버렸지.
그게 끝이었어.
이젠 아이가 보이질 않아.

큰 녹색차가 와선 날 싣고 어디론가 떠났어.
그 곳은 내가 가보지 못했던 곳이었어.

거짓말은 나쁜 거지?
세상은 거짓말투성이인가봐.
사랑하기 때문에 헤어진다는 말은 거짓말이야.
맘 아파 울면서도 아무렇지 않았다는 것도 거짓말이지.
잔인한 말을 내뱉고서도 날 위해 그랬다는 것도 거짓말이구.
그런데 그런 거짓말을 다 듣고 나서 그게 거짓말이라고 생각하면서도
거짓말이 아니라고 말하곤 눈물 흘리며 웃는 나도
거짓말쟁이지?
세상은 온통 거짓말투성이야.
난 그런 세상이 싫어.
다신 보고 싶지 않아.
거짓말…….

"철커덕 철커덕."

시끄러운 기계음 속에서 내 몸은 산산조각이 났어.
내 몸뚱이는 연기 나는 굴뚝이 있는 건물로,
내 눈은 바구니에 던져져 다른 공장으로 향했지.

그 공장은 내가 태어난 곳과 비슷했어.
'플라스틱 재생공장'이란 소리를 들었던 것도 같은데,
아주 커다랗고 뜨거운 그릇 안으로 들어간 게
내 기억의 끝이야.

얼마나 지났을까,
그 곳에서.

"이 옷은 어떠세요?"
"조금 안 어울린다. 다른 건 없나요?"
"글쎄요. 그럼 이건 어떠세요?"
"너무 비싼 것 같은데……."

여자들의 시끄러운 소리에 난 다시 눈을 떴어.
눈이 부셔.
여기가 어디지?

마네킹들이 입은 화려한 옷들이 보이고
멋진 사람들이 그것들을 입어보고 있어.
아, 그래! 언젠가 보았던 옷을 파는 곳이구나.
그런데 난 왜 여기 있는 거지?

그제서야 난, 내 눈이 단추로 만들어져
옷을 장식하고 있다는 걸 알았지.

위아래로 나와 똑같은 모습을 한 초록색 자그마한 단추들이
쪼롬히 고개를 들고 있는 게 보여.

내가 세번째.
그렇게 난, 또다시 주인을 기다리는 신세가 된 거지.

어? 그 때, 누가 우릴 번쩍 들었어.
그리고 난 그 사람에게 입혀졌지.
"단추가 참 예쁘네요. 이걸로 주세요."

그 때 난 내 눈이 잘못된 건지 의심했어.
처음엔 잘못 봤을지도 모른다는 생각을 했지.

아주 희미한 기억의 저 끝에서 향수가 느껴졌어.
가슴이 있었다면 아마 터졌을지도 몰라.

하지만, 하지만 말야.
난 확실히 알 수 있었지.
날 만지작거리던 그 사람의 손등에
별 모양의 아주 희미한 상처를 보았거든.

이제
난 정말 행복해.

내가 어떤 모습으로 살아가게 될지는 아무도 모릅니다.
사람들이 변해가는 것처럼 내 모습도 변해가겠죠.
세상에 영원한 것은 없다는 진리처럼 말입니다.
하지만 그런 세상 속에서도
확실하게 말할 수 있는 한 가지
내가 당신을 사랑한다는 것입니다.